Jennifer Louden

Das kleine Wohlfühlbuch für Frauen

Nahrung für die Seele

Aus dem Amerikanischen
von Martina Penz-Koch

GOLDMANN

Verlagsgruppe Random House FSC-DEU-0100
Das für dieses Buch verwendete FSC®-zertifizierte Papier
Classic 95 liefert Stora Enso, Finnland.

1. Auflage
Gekürzte Taschenbuchausgabe Mai 2013
Wilhelm Goldmann Verlag, München,
in der Verlagsgruppe Random House GmbH
© 2004 der deutschen Erstausgabe
Wilhelm Goldmann Verlag, München,
in der Verlagsgruppe Random House GmbH
© 1992 Jennifer Louden
Originaltitel: *The Woman's Comfort Book*
Originalverlag: Harper San Francisco, New York
Published in Arrangement with Harper San Francisco,
a division of HarperCollins Publishers, Inc.
Umschlaggestaltung: Uno Werbeagentur, München, unter
Verwendung eines Entwurfs von Design Team München
Illustrationen: Edda Köchl-König
Satz: Barbara Rabus
Druck und Bindung: GGP Media GmbH, Pößneck
BK/CB · Herstellung: IH
Printed in Germany
ISBN 978-3-442-17395-2

www.goldmann-verlag.de

Inhalt

Gut zu sich sein – was heißt das eigentlich?	9
Entspann dich	14
Was du für dich tun kannst	17
Was dein inneres Kind anspricht	20
Entspannen wie ein Tier	23
Du bist es wert	26
Ein Tag für dich	29
Ein Tag im Bett	32
Spielen	35

Inhalt

Dein kreatives Tagebuch 40

Freude durch Pflanzen 44

Mit der Erde in Verbindung treten 51

Winterfreuden 56

Frühlingsfreuden.................... 58

Sommerfreuden 61

Herbstfreuden...................... 64

Mit der Natur in Berührung kommen ... 66

Bring die Natur ins Haus 70

Selbstmassage 75

Genieß deine Lust 82

Tu was für deinen Körper 85

Badefreuden 89

Wasserfall-Visualisierung 95

Inhalt

Friedensmeditation 98

Süße Düfte 100

Ein Klangbad 104

Lärm eindämmen 107

Stille 112

Mach dein Schlafzimmer zu einem
Rückzugsort 114

Ein Gutenacht-Ritual 118

Ein Schlafkissen 120

Unter freiem Himmel schlafen 122

Gut zu sich sein – was heißt das eigentlich?

Stell dir vor, es regnet und du liegst im Bett, hörst dem Regen zu und weißt, dass du den ganzen Tag liegen bleiben kannst, wenn du möchtest. Das tut gut! Kennst du dieses Gefühl? Oder wie es ist, mit deinem Partner oder einer guten Freundin ganz offen sprechen zu können – dieses Gefühl der Verbundenheit, dieses Gefühl, lebendig zu sein? Das sind sehr wichtige Erfahrungen. Sie machen dich stark. Sie helfen dir, deinem Problem mit Gelassenheit zu begegnen. Und sie helfen dir auch, dir selbst zu begegnen und an dir zu arbeiten.

Gut zu dir sein heißt, zu dir zu stehen und dich selbst um die Befriedigung deiner Bedürfnisse zu kümmern. Gut zu dir sein heißt, dass du dir deiner Kraft bewusst wirst: Du nimmst dein Leben selbst in die Hand, du verwirklichst deine Ziele.

Gut zu sich sein heißt, aus *eigener* Kraft zu leben und das Leben bewusst zu genießen. Wenn du wirklich begriffen hast, dass niemand so gut für dich sorgen kann wie du selbst, dann wartest du nicht länger darauf, dass andere dich glücklich machen. Wenn du gelernt hast, dich zu akzeptieren und deine

Bedürfnisse ernst zu nehmen, dann machst du eine wichtige Entdeckung: Es liegt an *dir*, was du aus deinem Leben machst, *du* hast die Wahl, *du* hast die Möglichkeit, dein Leben in die Hand zu nehmen.

Sich um die eigenen Bedürfnisse zu kümmern ist weder egoistisch noch selbstgefällig: Es ist lebenswichtig! Wir können nicht geben, wenn es uns selbst am Notwendigsten mangelt. Wir können nicht gut zu anderen sein, wenn wir uns unbefriedigt oder ausgebeutet fühlen. Wir müssen uns zuerst um die Befriedigung unserer Bedürfnisse kümmern, dann können wir wirklich etwas geben – und wir fühlen uns dadurch bereichert statt betrogen. Das spüren auch die anderen und können das, was wir für sie tun, leichter annehmen, ohne sich dafür schuldig zu fühlen. Wir können anderen Kostbares geben, wenn wir gelernt haben, für uns selbst da zu sein.

Blättere in diesem Büchlein und lies, was dich anspricht. Ich hoffe, dass dieses Büchlein dir in den verschiedensten Stimmungen und Situationen helfen kann. Es kann sein, dass dir die eine oder andere Übung zunächst komisch vorkommt, aber vielleicht gefällt sie dir zu einem späteren Zeitpunkt besser. Sich wohlfühlen bedeutet für jede Frau etwas anderes, und nur du kannst herausfinden, was *dir* entspricht. Ich hoffe, dass dieses Büchlein dich dabei unterstützt.

Entspann dich

Such dir ein stilles Plätzchen und leg dich hin. Schließ deine Augen, nimm einen tiefen Atemzug und halte ihn einen Moment lang an. Atme langsam aus. Atme wieder ein und stell dir vor, dass mit dem Atem Entspannung in dich fließt. Halte wieder kurz den Atem an und stell dir beim Ausatmen vor, dass du alle Anspannung aus dir herausfließen lässt, die sich heute in dir angesammelt hat, in der letzten Woche, ja in deinem ganzen bisherigen Leben.

Entspann dich

Wende dich jetzt deinem Körper zu. Wo fühlst du dich verspannt? Atme tief ein und sende die wunderbare Entspannung, die du mit diesem Atemzug aufgenommen hast, zu dieser Körperstelle. Stell dir vor, wie dein Atem den angespannten Muskel einhüllt und mit ihm den ganzen Stress, der sich hier angesammelt hat. Atme kräftig aus und lass die ganze Anspannung, die sich hier abgelagert hat, mit dem Atem los. Lass alles los, was dich belastet. Wende dich dann der nächsten angespannten Körperstelle zu, so lange, bis du dich völlig entspannt fühlst. Nimm dir genügend Zeit. Stell dir dann vor, jemand würde dich sanft massieren. Die Hände, die dich berühren, sind voller Liebe. Gib dich ganz dieser wohltuenden Berührung hin. Du fühlst dich jetzt im tiefsten Inneren entspannt und von einer wunderbaren Ruhe durchstrahlt. Du bist jetzt bereit, dich voll und ganz auf eine Meditation – oder was immer du jetzt tun möchtest – einzulassen. Wenn du dieses *Entspann dich* siehst, weißt du, was gemeint ist – oder du liest dir dieses Kapitel noch einmal durch. Du kannst natürlich auch eine andere Entspannungstechnik anwenden.

Was du für dich tun kannst

Gönn dir nach dem Aufwachen einen Kaffee oder einen heißen Tee in einer besonders schönen Tasse. Bleib noch eine Zeitlang im Bett oder such dir ein nettes, sonnenbeschienenes Plätzchen und genieß diesen Moment ganz bewusst.

Leg dich in die Sonne und lass dich von ihrer Wärme durchströmen.

Leg deine Lieblingsmusik auf. Du kannst dir auch eine ganze CD anhören. – Die Welt geht nicht unter, wenn du dir zwanzig Minuten Zeit für dich nimmst.

Mach einen kurzen Morgenspaziergang.

Nimm dir zehn Minuten nur für deinen Partner oder einen anderen Menschen, mit dem du zusammenlebst. Umarme ihn, sprich mit ihm oder werde dir einfach seiner Gegenwart bewusst. Lass das zu einem festen Bestandteil deines täglichen Lebens werden, egal, wie viel du zu tun hast.

Wenn du allein lebst, kannst du Folgendes tun: Nimm dir ein paar Minuten Zeit und stell dir vor, dass du einen wunderbaren Tag vor dir hast. Kuschle dich in deine warme Decke und umarm dich. Reck und streck dich wie eine Katze. Wiederhole ein paarmal: »Heute ist ein wunderschöner Tag.«

Iss etwas Naturbelassenes, Rohes: einen reifen Apfel oder eine frische, fruchtige Erdbeere. Nimm den Geschmack wahr, die Konsistenz und Lebendigkeit dessen, was du isst, und lass diese Energie durch deinen Körper fließen.

Was dein inneres Kind anspricht

Entzünde eine Wunderkerze und schreib damit deinen Namen in die Luft.

Kuschle dich unter eine Decke und lausche dem Regen.

Spiel mit einem kleinen Kind.

Hör dir einen Kinderchor an.

Geh in einen Kinderbuchladen und lass die fröhliche Atmosphäre auf dich wirken. Du wirst dort eine Reihe von Büchern finden, die dich ansprechen. Sieh dir die schönen Illustrationen an und nimm den Geruch wahr, der von den druckfrischen, knisternden Seiten ausgeht.

Du kannst auch in deiner Buchhandlung nach Kinderbüchern fragen. Dein Buchhändler wird gar nichts dabei finden. Scheu dich also nicht, seine Hilfe in Anspruch zu nehmen.

Entspannen wie ein Tier

Leg dich auf den Boden neben dein Tier oder stell dir vor, dass du einen vierbeinigen Freund hast und jetzt neben ihm liegst. Du kannst dir auch ein wildes Tier vorstellen, das sich in seiner natürlichen Umgebung zum Schlafen hingelegt hat.

Schließ deine Augen und *entspann dich*. Spüre, wie du mit deinem Tier verschmilzt, schlüpf in seine Haut. Du fühlst dich jetzt so frei, so ruhig, so im Hier und Jetzt wie dieses Tier.

Öffne dann die Augen und ahme dein Tier nach. Wie liegt es da? Ausgestreckt und friedlich? Spüre seine Hingabe. Oder spaziert deine Katze im Zimmer herum und versucht, einen Schatten oder eine Fliege zu fangen? Dann mach es ihr nach. Kratz dich, schnurre und streck dich in der Sonne aus. Vielleicht stellst du dir auch einen Otter vor, der sich elegant mit der Strömung treiben lässt. Spüre, wie das kühle Wasser an dir entlangstreicht. Stell dir vor, wie es ist, so geschmeidig, verspielt und neugierig zu sein. Iss wie dein Tier. Ahme sein Brummen, Knurren und Jaulen nach. Tiere haben keinen Beruf, keine Termine, und sie müssen auch keine Rechnungen bezahlen. Versuch, dich so sorglos und so glücklich wie dein Tier zu fühlen. Lass dich gehen.

Wenn du das Tierspielen lange genug ausgekostet hast, dann lass dich einfach auf den Boden fallen. Schließ deine Augen und gib dich ganz dem Gefühl der Zufriedenheit hin, das dich jetzt erfüllt. Umarme dein Tier.

Du bist es wert

Schließ deine Augen und *entspann dich*. Achte auf deinen Atem. Werde dir bewusst, dass jeder Atemzug einzigartig ist, etwas, was du nicht wiederholen und durch nichts ersetzen kannst. Atme ein paarmal ein und aus und lass diese Tatsache auf dich wirken. Leg deine Hände ineinander und fang langsam an, sie zu erkunden und zu liebkosen. Mach dir klar, dass diese Hände einzigartig sind, dass es im ganzen Universum nicht ein Paar Hände gibt, das genauso ist wie deine. Berühre mit einer Hand das Handgelenk und den Unterarm des anderen Arms. Spüre deine Haut und die Muskeln darunter. Lass deine Hände deine Oberarme hinauf bis zu den Schultern weiterwandern. Atme tief und liebkose deinen Körper. Achte wieder auf deinen Atem. So wie dein Atem, so ist auch jeder Augenblick deines Lebens einzigartig und kostbar. Sag in Gedanken oder laut den folgenden Satz: »Ich erlaube mir, zu leben und mich voll zu entfalten. Ich bin es wert!«

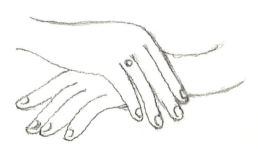

Nimm nochmals einen tiefen Atemzug und spüre dieses wunderbare Gefühl in deinem ganzen Körper. Öffne dann die Augen.

Ein Tag für dich

Hast du schon einmal ein richtig schönes Picknick für dich allein veranstaltet?

Du kannst *deinen* Tag auch als Anlass dazu nehmen, dich einmal intensiv mit der Frage zu beschäftigen, was dir Freude macht. Hier ist meine Liste: im Garten arbeiten; Tee;

Sushi; im Bett bleiben und lesen, wenn es draußen regnet; Schokolade essen; ein Tag im Herbst in den Wäldern; meine beste Freundin Barbara; wenn meine Freundin Nicki für mich kocht; die Rechte der Frauen; Wildwasser fahren.

Fahr an einen nahe gelegenen Ort oder in einen Stadtteil deiner Heimatstadt, den du schon lange erkunden wolltest, und verbring dort einen ganzen Tag. Geh in einen Buchladen, setz dich in ein nettes Lokal, tu so, als ob du hier auf Urlaub wärst. Studiere die Lebensweise der Menschen, so, wie du das in einem fremden Land tun würdest. Schau dir an, wie andere Menschen leben, und sei bereit, Neues zu entdecken.

Bereite alles vor, damit du einen Tag lang nicht zu sprechen brauchst. Halt später in deinem Tagebuch fest, wie du dieses Schweigen erlebt hast. Vielleicht hilft es dir, deine inneren Wünsche und Bedürfnisse sehr viel klarer wahrzunehmen, als das sonst der Fall ist.

Ein Tag im Bett

Mach dir diesen Tag so angenehm wie möglich. Vielleicht möchtest du dich unter einem Berg kuscheliger Decken verstecken oder das Bett frisch überziehen und die alten Socken, die dein Partner mal wieder liegen gelassen hat, wegräumen. Stell dir auf deinem Nachttisch ein paar leckere Sachen zurecht: eine Kanne Zimttee und ein Stück Schokoladentorte oder worauf du heute besonders Lust hast.

Ein Tag im Bett

Schalt deinen Anrufbeantworter ein oder stell die Telefonklingel leise. Wenn du mit jemandem sprechen willst, dann überleg dir, wer dir wirklich guttut.

Meide heute alle Menschen, die unangenehme Gefühle in dir hervorrufen könnten.

Sorge dafür, dass es heute besonders gut riecht. Du kannst kleine Duftsäckchen zwischen die Betttücher stecken, Plätzchen backen, das Fenster öffnen und frische Luft hereinlassen oder eine Rose oder eine andere duftende Blume auf deinen Nachttisch stellen.

Weißt du, wie es ist, ganz in ein Buch einzutauchen? Sieh dich bei Gelegenheit in einem

Buchladen um und besorg dir ein paar Schmöker für den nächsten Tag, den du mit dir allein verbringst.

Stell auf einem Tablett Leckereien zusammen, die du heute gerne essen möchtest, zum Beispiel Pralinen, Himbeerkuchen, Trauben oder wonach immer es dich gelüstet. Verwende dein schönstes Geschirr, ein hübsches Deckchen zum Unterlegen und andere geschmackvolle Dekorationen.

Spielen

Mach Seifenblasen, beobachte Schatten, die an der Wand tanzen, mal mit den Fingern und schmier mit den Farben ordentlich herum.

Hüpf durch den Regen, spritz dich mit dem Gartenschlauch nass, lauf dem Rasensprenger nach, plansch in der Badewanne oder im

Meer, rutsch im Schlamm, back Sandkuchen. Lass Wasser auf Papier tropfen und zieh die Linien, die sich so ergeben, mit einem Textmarker nach. Veranstalte ein Spritzpistolenduell mit einer Freundin. Und, und, und.

Achte einmal darauf, wie still es ist, wenn es in der Nacht schneit, und lausche dieser Stille; lutsch einen Pfefferminzbonbon oder knatsche auf einem Karamelbonbon herum; leg verrückte Musik auf und tanz wild und ausgelassen; oder versuch einmal, deine Nase als Musikinstrument zu benutzen.

Umarme einen Hund, einen Baum oder einen Menschen, den du magst. Drück sie/ihn fest an dich.

Spielen

Hüpf herum, spring Seil, schlag einen Purzelbaum, spiel Frisbee, fahr auf dem Bürgersteig Rollschuh, lass dich einen Hügel herunterrollen.

Setz eine Maske auf, veranstalte eine Kostümparty oder mal mit Nagellack Gesichter auf deine Zehennägel.

Geh in den Zoo; geh auf einen Kinderspielplatz und setz dich auf die Schaukel; such dir ein schönes Plätzchen und versteck dich eine halbe Stunde.

Schau dir einen Zeichentrickfilm an; besorg dir ein paar Comics; mach einen Handabdruck in frischen Gips; setz dich mit einer Freundin zusammen, und zeichnet eure Nasen im Profil oder macht eine Tortenschlacht; schau dir ein Feuerwerk an; lass mal alles stehen und liegen und geh nachmittags ins Kino.

Grab ein Loch in die Erde; pflück Blumen und trockne sie; zieh deine Schuhe aus und mach einen langen Spaziergang im nassen Gras. Stapf im Schlamm herum; bau eine Sandburg und mach sie dann wieder kaputt.

Dein kreatives Tagebuch

Draußen regnet es, und du bist in Mutters Küche. Der Tisch ist voller Malbücher oder bunter Bilder, die du mit Wasserfarben gemalt hast. Weißt du noch, wie das war? Oder hast du dir an solchen Tagen lieber Geschichten ausgedacht?

Was immer du getan haben magst, eines konntest du mit Sicherheit: unzählige Stunden mit Spielen verbringen, ganz versunken in die Welt deiner Vorstellungen, während draußen der Regen rhythmisch gegen die Fensterscheiben trommelte.

In deinem Tagebuch kannst du Ähnliches tun: Du kannst darin herumkritzeln, malen, zeichnen, Dinge einkleben oder aufschreiben und dich so mit dem Thema »Tu dir gut!« auseinandersetzen. Diesem Tagebuch kannst du alles anvertrauen, hier kannst du deine ganz persönlichen Vorstellungen zum Ausdruck bringen. Das tut gut. Und es tut auch gut, später in diesem Buch zu blättern.

Schreib hundert Dinge auf, die dir Freude machen und die dein Leben bereichern. Deine Liste sollte sowohl materielle Dinge enthalten wie: »Zehn Euro, die ich in meiner Manteltasche finde« als auch immaterielle wie: »Ein Lachen, das mir ein Fremder schenkt«. Schreib auch ganz persönliche und intime Dinge auf oder ganz banale wie: »Schokoladenkekse essen«. Füg dieser Liste jede Woche etwas Neues hinzu und nimm sie zur Hand, wenn du traurig bist.

Schneide Bilder aus Zeitschriften aus, die dich besonders ansprechen, fotokopiere Fotos aus schönen Tagen, die dich im Kreise lieber

Freunde oder deiner Familie zeigen, und füg auch kleine Andenken hinzu, die dich an gute Zeiten erinnern. Spiel mit diesen Bildern wie mit einem Puzzle und versuch mit deinem Selbst Kontakt aufzunehmen. Finde heraus, was dir guttut und was dir Freude macht.

Freude durch Pflanzen

Geh in einen schönen Blumenladen und genieß die Üppigkeit und Schönheit der verschiedenen Blüten, riech an ihnen, frag, wie sie heißen, und nimm dir eine Blume mit nach Hause, die dir besonders gut gefällt.

Leg dir eine Sammlung hübscher Glasflaschen zu und gib ein paar ausgefallene Blüten hinein. Stell eine Blüte auf deinen Schreibtisch, dann kannst du während der Arbeit von Zeit zu Zeit eine kurze Pause einlegen und sie betrachten. Das tut besonders gut, wenn die

Arbeit nicht so vorangeht, wie du es gerne hättest.

Zeichne oder male eine Mohnblume, eine Palme, eine weiße Rose oder eine andere Blume, die dir gefällt. (Du weißt ja, es geht hier nicht um Kunst, sondern um dich.)

Leih dir ein paar bunte Gartenbücher aus der Bibliothek aus, trink Fruchtsaft und stell dir vor, dass du in einem schönen Garten sitzt und von Blumen umgeben bist.

Befällt dich im Winter oft eine seltsame Traurigkeit? Ein einfaches und sehr wirksames Gegenmittel ist, ein paar Blumen zum Blühen zu bringen. Das hört sich schwieriger an, als es ist. Wenn du es einmal ausprobiert hast, wirst du es jeden Winter tun. Kauf im Oktober Hyazinthen-, Osterglocken-, Narzissen-, Krokus- oder Tulpenzwiebeln und lagere sie zwei Monate lang im Gemüsefach deines Kühlschranks. Im Januar ist es dann so weit: Nimm einen flachen Topf oder eine Schale und Kieselsteine oder Murmeln. Gib die Blumenzwiebeln hinein, füll den Topf mit Was-

ser, so dass die Zwiebeln nur noch mit der Spitze herausragen, und stell ihn an einen hellen Platz, der jedoch kein direktes Sonnenlicht haben sollte. Füll ein paar Tage frisches Wasser nach. Schon bald wirst du dich an einer Blütenpracht erfreuen.

Es macht viel Freude, kleine Pflänzchen zu pflegen und wachsen zu sehen. Es wird dir zu einer lieben und wohltuenden Beschäftigung werden. Du solltest sie jeden zweiten oder dritten Tag gießen, um die Erde feucht zu halten. Beobachte, wie sie sich langsam entfalten. Wenn deine Samen zu kleinen Schößlingen herangewachsen sind, kannst du die Plastikfolie entfernen und sie entsprechend der Anleitung auf der Samenpackung pikieren. Wenn die Setzlinge groß genug sind – etwa sieben, acht Zentimeter –, kannst du sie in einen größeren Topf setzen oder in den Garten an ein sonniges Plätzchen pflanzen.

Freude durch Pflanzen

Informiere dich über öffentliche Gärten und Parks in deiner Umgebung. Wenn du dich das nächste Mal nach Ruhe und Natur sehnst, dann geh in einen dieser Parks.

Lass alle Sorgen und alle Anspannung hinter dir, wenn du den Park betrittst. Sie können am Eingang auf dich warten. Sag deinem inneren Kritiker, dass sie dort gut aufgehoben sind. Und wenn du während deines Spaziergangs anfangen solltest, dir über irgendetwas den Kopf zu zerbrechen, dann schick diese lästigen Gedanken zu den anderen vor das Parktor. Überlass dich der Natur: Sieh dir eine Blume an; lass dich von der feuchtwarmen Luft eines Treibhauses einhüllen; beobachte, wie das Licht auf den Wellen eines Teiches spielt; betrachte einen Stein und mal dir aus, wie es sich wohl anfühlen mag, auf einer solch langsam schwingenden Seinsebene zu existieren. Lass auch das Ganze auf dich wirken: Kneif die Augen zusammen, so dass du nur noch Licht- und Farbimpressionen wahrnimmst – ähnlich wie auf einem Gemälde von Monet –, und stell dir vor, dass du die wunderbare, lebendige Energie in dich aufnimmst, die von allen Blumen, Büschen und Bäumen und auch vom Gras ausgeht.

Mit der Erde in Verbindung treten

Wenn du dich das nächste Mal kaputt und ausgelaugt fühlst, dann such einen Ort in der Natur auf, an dem du dich wohlfühlst. Leg dich direkt auf den Boden und *entspann dich*. Schließ deine Augen, spüre die Stille der Erde unter dir und fühl ihr sanftes, gleichmäßiges Pulsieren.

Stell dir vor, du kannst alles an die Erde abgeben, was dich belastet: deinen Schmerz, deine Trauer, deine Enttäuschung. Mal dir aus, wie alle negativen Emotionen und Erinnerungen aus dir herausfließen und in der Erde versinken, tiefer und tiefer, bis in den Erdmittelpunkt. Dort ist alles flüssig. Stell dir vor, wie deine Gefühle mit dem pulsierenden, heißen, lebendigen Erdinneren zusammentreffen: Funken sprühen, Explosionen sind zu hören. Dann siehst du, wie aus dieser flüssigen Ursubstanz ein Strahl heilender Energie emporschießt. Du siehst, wie diese Energie nach oben strömt, durch die Felsenschicht und die Erdkruste hindurch, vorbei an Baumwurzeln und Kaninchen, die zusammengerollt in ihren Erdlöchern schlafen, und schließlich bis zu dir. Sie wird vom Boden abgestrahlt und tritt durch die Fußsohlen in deinen Körper. Nimm sie in dich auf. Sie fließt deine Unterschenkel hinauf und weiter in deine Oberschenkel, sie fließt durch deine Hüften und in deine Gebärmutter hinein. Sie füllt deinen Magen und deine Lunge, sie weitet dein Herz, sie fließt die Arme hinunter und bringt jeden deiner Finger zum Leuchten. Sie fließt weiter hinauf in deinen Kiefer und in deine Stirn, und schließlich dringt diese reine, wunderbare

Energie auch in deinen Geist ein. Du badest in dieser wunderbaren Leben spendenden Wärme. Sie nährt und speist dein ganzes Sein.

Stell dir nun vor, dass die Lebenskraft der Erde aus deinen Fingerspitzen und Zehen fließt und um dich kreist, dich überschwemmt und reinwäscht und schließlich zur Erde zurückkehrt. Du bist jetzt ein Teil des natürlichen Energiekreislaufs. Fühl den stetigen, sanften Pulsschlag dieser Energie, die jetzt durch deinen Körper fließt, aus deinen Fingern und Zehen austritt und zurück zur Erde strömt. Du bist eins mit allem, was lebt. Du bist mit allem verbunden.

Verweile solange du möchtest. Kehr erst zurück, wenn du einen Zustand völliger Ruhe

Mit der Erde in Verbindung treten

und Gelöstheit erreicht hast. Nimm noch einen letzten tiefen Atemzug und lass diese wunderbare Energie in dein Herz fließen. Sammle einen Vorrat, von dem du in den kommenden Wochen zehren kannst. Danke der Erde und spüre, dass du ein Teil von ihr bist. Du kannst dich jederzeit an sie wenden. Sie wird dich immer unterstützen.

Winterfreuden

Kuschle dich mit einem geliebten Menschen oder Tier in ein warmes Bett.

Bastle einen Kalender für das neue Jahr.

Trink heißen Tee und schau dem Regen zu.

Bau einen Schneemann.

Nimm an einer Schneeballschlacht teil und setz dich nachher mit einem Glas Glühwein oder Grog ins warme Wohnzimmer.

Röste Maronen.

Frühlingsfreuden

Schick jemandem, den du bewunderst, eine langstielige Rose.

Geh spazieren und achte auf alle Zeichen neu erwachenden Lebens: Knospen, Keimlinge, junges Gras etc.

Steck dir Flieder ins Haar.

Säe Kräuter in einen Topf und stell ihn auf deine Fensterbank.

Spiel Naturforscher und untersuche eine schlammige Pfütze.

Pflanze Osterglocken, Tulpen, weiße Narzissen und Osterlilien.

Pflanze einen Baum.

Klettere auf einen Baum.

Veranstalte eine Teeparty im Freien. Serviere Kräutertee und freu dich daran, wie es um dich grünt und blüht.

Sommerfreuden

Fülle eine Plastikwanne mit Wasser und plansch im Garten wie zu alten Kinderzeiten darin herum.

Stell dich unter das Fenster eines geliebten Menschen und sing ihr/ihm ein Lied.

Nimm bunte Kreide und mal Bilder auf den Bürgersteig.

Kauf dir ein Eis und iss es genüsslich beim Spazierengehen.

Iss eine Wassermelone auf einer Wiese und spuck die Kerne, so weit du kannst.

Sommerfreuden

Liebe deinen Partner unter freiem Himmel.

Such dir ein geschütztes Plätzchen und bleib bei einem Gewitter im Freien.

Stell im Garten ein Zelt auf und verbring dort die Nacht mit deiner besten Freundin. Erzählt euch Gruselgeschichten vor dem Einschlafen und schleich dich um drei Uhr früh zurück in dein Zimmer.

Frühstücke im Freien und lass dir die Sonne ins Gesicht scheinen.

Herbstfreuden

Schau dir an, wie der Wind über ein Kornfeld streicht.

Lass dich vom Wind durchpusten.

Lass einen Drachen steigen.

Herbstfreuden

Klettere auf einen Heuwagen und lass dich ein Stück mitnehmen.

Wickle Kartoffeln in Alufolie und gare sie im offenen Feuer.

Mach einen zügigen Spaziergang und atme die würzige Herbstluft tief ein.

Sammle buntes Herbstlaub.

Mach Popcorn.

Heul den Mond an wie ein Wolf.

Mit der Natur in Berührung kommen

Erkunde die Natur, berühre sie mit deinen Händen, mit deinen Wangen und mit deinen Füßen. Du kannst das allein oder gemeinsam mit einer Freundin tun, indem ihr euch abwechselnd mit verbundenen Augen führt. Ein Garten ist voller sinnlicher Reize und bietet dir die Möglichkeit, vielerlei Berührungen zu erproben: Lass einen Farn über deine Haut gleiten und spüre, wie er dich kitzelt. Nimm einen Kieselstein in die Hand und spüre, wie glatt und rund er sich anfühlt. Streich mit den Fingerspitzen über ein Geranienblatt: Es fühlt sich pelzig an. Nimm einen Fisch in die Hand und spüre, wie er sich windet.

Reib dein Gesicht mit einem Waschlappen und warmem Wasser ab. Wie fühlt sich das an?

Streichle dich mit einer großen Feder. Das ist besonders angenehm vor dem Zubettgehen.

Mach eine Faust und fahr mit den Fingergelenken über deine Arme und die Brust.

Achte einen Tag lang darauf, wie sich die Dinge anfühlen, mit denen du in Berührung kommst. Zieh eine Seidenbluse an. Mach es dir zur Gewohnheit, auf solche Dinge zu achten.

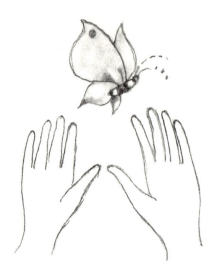

Stell dich mit Freundinnen/Freunden im Kreis auf, Rücken an Bauch, und massiert einander den Rücken. Spüre, wie ihr alle verbunden seid durch die Zuwendung, die ihr einander schenkt. Dreht euch nach einer Weile um, so dass ihr in entgegengesetzter Richtung steht, und massiert die- oder denjenigen, die/der euch zuvor massiert hat.

Verabrede dich mit einer Freundin zum Essen und massiere ihr nachher die Hände.

Wasch die Haare deines Partners an einem schönen, sonnigen Plätzchen im Freien.

Kitzle den Arm einer Freundin.

Bring die Natur
ins Haus

Befestige einen Futterspender für Singvögel neben dem Fenster deines Büros.

Besorg dir ein paar Zimmerpflanzen. Du kannst auch selbst ein paar duftende Blüten ziehen. Wenn es in deinem Büro nicht hell genug ist, kannst du dir eine Pflanzenlampe anschaffen. Pflanzen wie Bambus, Yucca-Palme und Monstera sind nicht nur grün, sondern auch optisch sehr ansprechend.

Bring die Natur ins Haus

Füll ein Glasgefäß mit ausgesuchten Steinen, Muscheln oder Wasserpflanzen. Stell es an einen Platz, wo die Nachmittagssonne es bescheint. Farbige Flaschen auf der Fensterbank, Prismen und bemaltes Glas helfen dir, die wechselnden Lichtverhältnisse im Verlauf eines Tages besser beobachten zu können.

Seltene Früchte, Gemüsesorten, Nüsse und üppige Blumenarrangements sind ein besonderer Blickfang, den du je nach Jahreszeit variieren kannst. Sie geben einem Raum eine besonders lebendige Note. Versuch es einmal

mit Zierkohl, Kokosnüssen, getrockneten Chilischoten, Artischocken, Kastanien und ein paar Gänseblümchen, und winde Efeuranken drum herum.

Stell einen Strauß aus getrockneten Rosen, Weidenzweigen und Gräsern zusammen. Stell ihn in eine große Vase neben ein Fenster. Achte auf sein leises Rascheln, wenn es draußen windig ist.

Vielleicht hast du auch Lust, getrocknete Kräuter an der Decke deiner Küche oder in der Nähe des Herds zu befestigen.

Stell eine Duftgeranie in dein Badezimmer. Sie duftet besonders intensiv, wenn du duschst oder ein Bad nimmst.

Häng einen Farn oder einen rankenden Efeu vor ein Fenster, dessen Aussicht dir nicht gefällt.

Selbstmassage

Wenn du Lust hast, kannst du zunächst ein warmes Bad nehmen.

Beginne dann mit der Massage: Reib deine Hände, bis sie sich ganz warm anfühlen, und leg sie auf dein Gesicht. Verweile einen Augenblick. Leg zwei Finger jeder Hand in die Mitte deiner Stirn und führ sie mit langsamen, kreisförmigen Bewegungen bis zu den Schläfen. Beginne dann, mit deinen Handballen deine Wangen zu massieren. Fang oben, unterhalb der Augen, an und führe sie

in langsamen, kreisenden Bewegungen deine Wangen hinunter, nach außen zu deinen Ohren und über deine Kiefer in Richtung Kinn.

Leg die Hände auf den Kopf, und zwar so, dass die Fingerspitzen sich an deinem Hinterkopf fast berühren und deine Daumen hinter den Ohren liegen. Beweg deine Finger langsam hin und her und massiere deine Kopfhaut. Nimm deine Haare und zieh sie sanft in die verschiedensten Richtungen, so dass deine Kopfhaut mitgezogen wird, und lass anschließend die Fingerspitzen auf die Kopfhaut eintrommeln. Führ die Fingerspitzen in der Mitte deines Nackens zusammen und lass sie dort kreisen.

Leg deine rechte Hand auf die linke Schulter, beuge den Kopf behutsam nach rechts und streich mit den Fingerspitzen in Richtung Nacken und hinauf bis zum Ohr. Wiederhole das Gleiche auf der rechten Seite.

Wende dich nun der Hand zu: Fahr mit dem Zeigefinger der linken Hand sanft die Venen entlang, zieh leicht an jedem Finger und dreh ihn sachte hin und her. Massiere die Hautfalte zwischen Daumen und Zeigefinger und zieh leicht daran. Mach eine Faust und massiere die Handfläche der rechten Hand mit den Fingergelenken. Wende dich jetzt deiner linken Hand zu.

Nun kommt dein Rücken an die Reihe: Massiere ihn mit einer Stielbürste, einem

Schwamm oder einem Rückenkratzer. Leg dich auf den Rücken und roll auf einem Ball hin und her. Probier verschiedene Größen, sie sprechen verschiedene Muskeln an: einen kleinen Kinderball, einen Tennisball oder einen Volleyball. Welcher fühlt sich am besten an?

Setz dich aufrecht hin und leg die Hände auf den Rücken, so dass die Fingerspitzen in Richtung Wirbelsäule zeigen, die Daumen liegen auf den Hüften. Knete und massiere diese Partie.

Leg dich auf die Seite, mach eine Faust und drück die Fingergelenke in den Po. Bearbeite beide Seiten und massiere anschließend deinen Unterleib, indem du mit beiden Händen kreisende Bewegungen machst und einen angenehmen Druck auf deine Bauchdecke ausübst.

Dann kommen die Beine dran: Knete, drück und massiere sie – auch hier von unten nach oben, zum Herzen hin.

Wende dich zum Schluss deinen Füßen zu: Stell ein Bein auf – du liegst immer noch auf dem Boden – und leg das andere Bein darauf, so dass du deinen Fuß bequem erreichen kannst. Gib noch etwas Öl auf deine Hände und reib sie kräftig gegeneinander. Umschließe den Fuß mit beiden Händen und verweile so eine Zeitlang. Massiere die Haut zwischen den Zehen und zieh sanft daran. Massiere deinen Ballen und streich mit der Hand über die Fußsohle und den Fußrücken. Massiere den Bogen auf der Innenseite der Fußsohle, indem du eine Faust machst und ihn mit den Knöcheln kräftig reibst.

Genieß deine Lust

Schließ deine Augen und vergegenwärtige dir ein sexuelles Erlebnis, das du als besonders schön in Erinnerung hast, bei dem du dich geborgen, sexy und geliebt gefühlt hast. Versuch, dir diese Szene so lebhaft wie möglich in Erinnerung zu rufen, so dass du nicht nur die Bilder, sondern auch die Gefühle von damals wachrufst. Reibe deine Hände, bis sie ganz warm geworden sind, und stell dir vor, dass sie sich mit göttlicher Energie und Liebe füllen. Leg sie auf deinen Bauch oder in den Nacken und fühl die Wärme, die von ihnen ausgeht, spüre das Knistern und Kribbeln, das sie aussenden. Lass sie dann sanft über deinen Körper gleiten. Du verdienst dieses wunderbare Gefühl.

Denk wieder an das Liebeserlebnis, das du dir in Erinnerung gerufen hast, und lass deine

Hände über deinen Bauch hinunter zu deinem Venushügel und wieder hinauf zu deinen Brustwarzen wandern. Spiel mit dir! Lass dir Zeit und versuch nicht, irgendetwas zu beschleunigen. Gib dann ein paar Tropfen Öl auf deine Finger und streich mit ein paar raschen Zügen über deinen Körper. Finde heraus, was dir am meisten Spaß macht, und gib dich ganz deinen Gefühlen hin!

Tu was für deinen Körper

Spüre, wie sich das anfühlt, was du gerade tust. Versuch, in verschiedene Körperteile hineinzufühlen, wenn du gehst: in deine Hände, deine Beine, deinen Nacken etc. Was spürst du dort? Geh Trampolin springen und achte darauf, wie sich dein Körper streckt und zusammenzieht; lausche deinem Atem, wenn du schwimmst; achte auf das Geräusch, das entsteht, wenn der Tennisball von deinem Schläger abprallt. Nimm den Moment wahr.

Steh bei Tagesanbruch auf, tanz Reggae und beobachte den Sonnenaufgang. Zieh dich am Abend aus, leg einen Boogie auf und tanz nackt im Mondlicht. Spüre die Musik in deinem ganzen Körper.

Lass dich massieren und versuch all das zu spüren und anzunehmen, was mit beziehungsweise in deinem Körper geschieht. Atme und gib dich ganz der Berührung hin – auch wenn es dir vielleicht zunächst nicht leicht fällt, dich von einem Fremden berühren zu lassen. Schließ deine Augen und stell dir vor, dass mit jeder Berührung Heilenergie in deinen Körper einströmt, und lass diese Energie zu jenen Stellen fließen, die verspannt oder überanstrengt sind. Gestatte dir, im Mittelpunkt zu stehen. Nimm! Du brauchst dir kei-

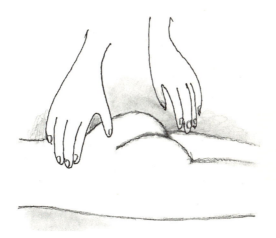

ne Gedanken darüber zu machen, etwas zurückzugeben. Du verdienst diese Aufmerksamkeit. Du bist es wert.

Zieh weite, fließende Kleidung an und such dir einen Ort, an dem du genügend Platz hast, dich mit gestreckten Armen im Kreis zu drehen. Leg wilde Musik auf und fang an zu tanzen: Wirf deine Arme zur Seite, verlagere dein Gewicht auf deinen linken Vorderfuß, stoß dich mit dem rechten Fuß ab und beginn, dich gegen den Uhrzeigersinn zu drehen. Du läufst sozusagen mit dem rechten Fuß um deinen linken herum, schneller und schneller. Lass deine Sorgen und Nöte einfach davonfliegen.

Badefreuden

Triff die notwendigen Vorbereitungen für ein schönes, entspannendes Bad, zünde die Kerzen an und stell eine Pflanze in die Nähe der Badewanne.

Nimm zunächst eine Dusche und massiere deinen Körper mit einem Luffa-Handschuh oder einer Badebürste und etwas Duschgel. Du kannst auch eine milde Seife nehmen. Dusch dich nachher kühl ab und schlüpf nach dem Abtrocknen in einen weichen, frisch gewaschenen Bademantel.

Lass dir nun dein Bad ein und füg einen Duft hinzu, der dich an diesem Tag besonders anspricht. Vielleicht hast du auch Lust, Blumen auf dem Wasser treiben zu lassen.

Setz dich hin und beobachte, wie sich die Wanne langsam füllt. Achte auf deine Atmung.

Lass deine Mitbewohner wissen, dass du eine Zeitlang ungestört sein willst, und schließ die Tür. Schalte die Musik ein, lass dich langsam ins warme Wasser gleiten und lass dir von deiner positiven inneren Stimme ein paar nette Dinge über deinen Körper sagen.

Schau in den Schein der Kerzen, betrachte die Blätter der Pflanze, lass die Farbe einer Blume auf dich wirken, meditiere, lockere deine Muskeln, spiel mit dem Wasser – tu, was immer sich gut anfühlt. Lass dich ganz hineinsinken in die Wärme, die dich umhüllt.

Wenn du nach dem Bad das Wasser abläss, dann sage laut: »Dieses Wasser spült alles Negative aus meinem Leben fort.«

Im Dunkeln zu duschen ist auch eine wunderbare Möglichkeit, dich zu entspannen, wenn du »überdreht« bist. Stell dir vor, das Wasser würde alle unnötigen Gedanken, alles, was dir im Kopf herumspukt, einfach wegwaschen. Das klappt am besten, wenn du wirklich nichts mehr siehst. Wenn du Angst hast, dass du fallen könntest, kannst du eine Kerze anzünden oder einen Leuchtstecker nehmen. Fühl, wie das Wasser auf deinen Körper prasselt, und gib dich ganz diesem Gefühl hin. Verbanne alle störenden Gedanken. Lass dich durch nichts ablenken.

Fülle einen Eimer oder ein anderes passendes Gefäß mit warmem Wasser für ein Fußbad. Beruhigend wirkt dieses Bad, wenn du Kamillentee hinzufügst, belebend, wenn du einen

Teelöffel Cayennepfeffer nimmst. Wenn du Lust hast, kannst du auch Musik auflegen und ein Glas Wein oder einen Kräutertee trinken. Steck deine Füße ins Wasser und *entspann dich*. Dank deinen Füßen, dass sie dich durchs Leben tragen, und spüre, wie dein Körper neue Energie tankt.

Bade deine Hände in warmem Wasser. Wenn du möchtest, kannst du ein paar Tropfen Rosmarin oder Salbei ins Wasser geben. Massiere deine Hände und lass sie kreisen. Du kannst auch warmes Olivenöl nehmen.

Wasserfall-Visualisierung

Du kannst diese Visualisierungsübung auch unter der Dusche machen. *Entspann dich* und stell dir vor, du wärst irgendwo im üppigen tropischen Regenwald. Die Luft ist erfüllt von den Rufen exotischer Vögel, vereinzelte Sonnenstrahlen dringen durch das Gewirr von Bäumen und Pflanzen. In deiner Nähe befindet sich ein Bach, und du folgst diesem Bach, bis du an einen wunderschönen Teich gelangst. Am anderen Ende dieses Teiches siehst du einen kleinen Wasserfall, der von einem heilsamen, sanften Dunst umgeben ist.

Wasserfall-Visualisierung

Du ziehst dich aus und watest durch den Teich, bis du den Wasserfall erreicht hast. Das Wasser ist angenehm warm. Du spürst, wie es sich über deinen Körper ergießt, bis du völlig entspannt bist. Es wäscht dich rein. Alle Anspannung, alle Sorgen, alle dunklen Gedanken und Gefühle weichen jetzt von dir. Es ist ein magischer Wasserfall, und du spürst, wie sich in deinem Inneren ein Gefühl des Wohlbehagens ausbreitet. Du spürst dieses Gefühl in jeder Zelle deines Körpers und schließlich empfindest du von Kopf bis Fuß ein angenehmes Prickeln. Bleib, solange du möchtest – bis alles von dir abgefallen ist, was dich belastet.

Begib dich dann zurück ans Ufer, streif deine Kleider über und komm langsam wieder zu dir.

Öffne deine Augen und genieß dieses wunderbare, wohlige Gefühl, das jetzt in dir ist, und diese besondere Energie.

Friedensmeditation

Schließ deine Augen und *entspann dich*. Achte auf deinen Atem: ein – aus, ein – aus. Richte nun deine Aufmerksamkeit auf die Mitte deiner Stirn, ohne dich dabei anzustrengen. Atme weiter und wiederhole folgende Sätze: »In mir sind Ruhe und Frieden. Alles ist gut in meiner Welt.« Wiederhole das mehrere Male und atme tief ein und aus. Bleib mit deiner Aufmerksamkeit bei deiner Stirn.

Friedensmeditation

Süße Düfte

Stell dir eine Sammlung wohltuender Gerüche zusammen. Wenn du bei dir zu Hause, an deinem Arbeitsplatz und in deinem Auto immer ein paar gute Düfte aufbewahrst, dann hast du in schwierigen Situationen immer eine positive Stimulanz parat. Ein gutes Parfüm im Handschuhfach deines Autos kann dir helfen, dich zu entspannen, wenn du im Stau steckst. Am Herd zu stehen und ein wohlriechendes Essen zu kochen kann dir helfen, wenn du »niedergeschlagen« bist. Viele Gerüche musst du regelrecht aufspüren. Also mach

Süße Düfte

einen Spaziergang und achte auf die Gerüche, denen du begegnest: den Geruch frisch gemähten Grases, den herben Duft eines Holzfeuers oder leckere Küchendüfte.

Gib einen Tropfen deines Lieblingsöls in den Beutel deines Staubsaugers.

Füll ein niedriges Gefäß mit warmem Wasser und füg zwei Tropfen Duftöl hinzu.

Gib zwei oder drei Tropfen Ylang-Ylang, Patchouli, Geranium, Lindenblüte oder Rose auf ein Taschentuch, wickle es in ein Stückchen Stoff und steck es zwischen deine Kleider. (Ätherische Öle sollten nicht unmittelbar mit deiner Kleidung in Berührung kommen, da einige Öle Flecken hinterlassen.)

Süße Düfte

Gib zwei Tropfen Öl auf einen Metallring und leg ihn auf eine Glühbirne. Wenn du das Licht einschaltest, wird ein feiner Duft verströmen. Du kannst auch einen Terrakottaring nehmen.

Du kannst kleine Duftsäckchen anfertigen und sie in dein Auto, in deine Tasche, in deinen Schreibtisch oder in dein Bett legen.

Ein kleines Baumwollsäckchen mit Lavendel an der Heckscheibe deines Autos sorgt für Gelassenheit beim Fahren.

Ein Klangbad

Such dir eine fließende, heilende Musik aus. Leg dich auf den Fußboden, mit den Füßen in Richtung Lautsprecher, schieb dir ein Kissen in den Nacken und *entspann dich*. Stell dir vor, die Musik sei Wasser, das dich umspült, dich langsam hebt und von aller Anspannung reinwäscht. Spüre, wie die Musik dich wiegt, umhüllt und zärtlich umarmt, bis du ganz entspannt bist.

Lass sie durch die Fußsohlen in deinen Körper hineinfließen. Spüre, wie sie deine Füße

Ein Klangbad

füllt und durch die Knöchel fließt, in die Unterschenkel hinein und hinauf zu den Oberschenkeln. Fühl, wie sie sanft in dir vibriert. Lass sie jetzt in deinen Unterleib fließen, in den Magenbereich, in die Lunge, die Arme hinunter und in jeden einzelnen Finger. Spüre, wie die Musik dein Herz erfüllt. Schließlich gelangt sie in deinen Nacken und in dein Gesicht, massiert jeden Muskel und füllt jede Faser mit Schönheit und Entspannung. Bleib noch ein paar Minuten liegen, wenn die Musik zu Ende ist, und genieß das wunderbare Gefühl in dir.

Lärm eindämmen

Achte in der nächsten Woche ganz bewusst auf die Geräusche, die dich umgeben. Bleib mehrmals während des Tages stehen, schließ die Augen und nimm bewusst wahr, was du hörst. Welche Geräusche nimmst du in der Nähe wahr, welche hörst du in der Ferne? Achte darauf, welche Geräusche du beim Aufwachen hörst, während der Arbeit oder am Samstagvormittag. Wie reagierst du darauf? Werde dir bewusst, welche Geräusche dich stören, und unternimm etwas, um sie abzustellen oder erträglicher zu machen.

Teppichböden, dicke Vorhangstoffe und Polstermöbel sind altbewährte Lärmschlucker und nicht nur das: Sie machen dein Heim

Lärm eindämmen

oder deinen Arbeitsplatz auch gemütlicher. Jalousien wirken Lärm dämmend und gleichzeitig isolierend. Wenn du keine Teppichböden magst, kannst du Brücken oder kleine Läufer hinlegen. Es gibt spezielle Teppichunterlagen, die zusätzlich Lärm schlucken. Auch Bücherregale haben sich bewährt.

Lass nicht zu, dass Lärm, dem du an deinem Arbeitsplatz ausgesetzt bist, deine Arbeitsleistung mindert. Lärmschutzwände, geräuscharme Maschinen, geschlossene Türen oder Ohrenschützer helfen dir, dich von lästigen Geräuschen abzuschirmen. Du kannst auch einen MP3-Player probieren.

Wenn du deinen Chef erst überzeugen musst, dass das sinnvolle Maßnahmen sind, dann mach ihm klar, dass sie deiner Konzentrationsfähigkeit, deiner Kreativität und deiner Leistung zugutekommen.

Leg Schaumgummimatten unter alle Lärm erzeugenden Geräte: unter den Mixer, unter die Küchenmaschine, unter die Schreibmaschine und unter den Drucker deines Computers.

Wenn du dich nach einer neuen Wohnung oder einem Haus umsiehst, dann achte darauf, von welchen Geräuschen du dort umgeben bist. Bleib eine Zeitlang mit geschlossenen Augen stehen und lausch. Wenn irgend möglich, solltest du nur dort einziehen, wo du wenig unangenehmem Lärm ausgesetzt bist.

Lärm eindämmen

Gegen störenden Lärm von draußen ist auch ein Zimmerbrunnen nützlich.

Auch beruhigende Hintergrundmusik oder Aufnahmen von Naturgeräuschen helfen, Lärm zu neutralisieren.

Stille

Entspann dich. Atme tief und langsam und richte deine Aufmerksamkeit auf die kurze Pause, die zwischen dem Ein- und dem Ausatmen liegt. Falls dich irgendwelche Geräusche ablenken, versuch dich auf die Stille zwischen den Geräuschen zu konzentrieren. Stell dir die Stille am Meeresgrund vor. Tauch ein in dieses Gefühl der Weite und der Ruhe. Bleib in diesem Zustand, solange du möchtest. Wende deine Aufmerksamkeit dann wieder den Geräuschen in deiner Umgebung zu und öffne langsam deine Augen.

Stille

Diese Übung ist besonders schön im Freien: auf einem Berg, wo der Wind mit deinen Haaren spielt, an einem stillen Plätzchen im Garten oder an einem kleinen See.

Mach dein Schlafzimmer zu einem Rückzugsort

Wenn du Lust hast, kannst du einmal folgenden Anstrich in deinem Schlafzimmer ausprobieren: Nimm einen Schwamm und trag zuerst eine Schicht Lila auf, dann Himmelblau und zuletzt Weiß. Du erzielst damit einen wolkenähnlichen Effekt, der sehr beruhigend wirkt.

Streich die Decke deines Schlafzimmers zartrosa oder himmelblau.

Leg dir eine Schlafmaske zu oder lass Rollos anbringen, die dein Schlafzimmer ganz abdunkeln.

Erkläre eine Ecke dieses Zimmers zu deinem persönlichen Rückzugsort und gestalte sie dementsprechend.

Verwandle dein Bett in ein richtiges Nest: kuschelig, warm und sinnlich. Leg ein Federbett oder eine weiche Steppdecke auf deine Matratze. Genehmige dir ein paar Kissen, weiche, angenehme Bettbezüge, einen seidenen Schal und alles, was deinen Tastsinn anspricht.

Stell eine Stereoanlage auf, so dass du jederzeit Musik hören kannst.

Leg einen weichen Läufer vor dein Bett.

Stell ein paar schlanke, hohe Kerzen auf ein Tablett, um für Atmosphäre zu sorgen.

Mach dein Schlafzimmer zu einem Rückzugsort

Sorge dafür, dass du morgens beim Aufwachen etwas Schönes siehst: ein Bild, eine Vase mit frischen Blumen, ein blühendes Veilchen, eine Seidenmalerei oder einen chinesischen Wandschirm.

Ein Gutenacht-Ritual

Trag immer besondere Kleidung. Vielleicht hast du auch Lust, verschiedene Dinge in dieses Ritual einzubeziehen, zum Beispiel einen Kräutertee oder ein entspannendes Vollbad.

Entzünde ein oder zwei Kerzen neben deinem Bett, schalte das Licht aus, leg dich hin und streck dich wohlig. Fühl, wie das kühle Betttuch deine Haut berührt. Nimm dann langsam das Buch zur Hand, das du dir zurechtgelegt hast (einen Gedichtband oder ein anderes Buch, das dich anspricht), und lies

Ein Gutenacht-Ritual

eine Seite. Nimm die Weisheit und Schönheit wahr, die in diesen Zeilen liegt. Leg das Buch dann wieder zur Seite, wirf noch einen Blick in den Schein der Kerzen, bevor du sie ausbläst, und kuschle dich in dein Kissen. Du wirst wunderbar schlafen.

Ein Schlafkissen

Gib 60 g Rosenblätter, 30 g Minze, 30 g Rosmarin und ein Taschentuch mit ein paar Tropfen Nelkenöl in ein Musselinsäckchen und steck oder näh es in ein Kissen. Benutz dieses Kissen, wenn du nicht gut schlafen kannst.

Eine andere beruhigende Mischung ist:
60 g Odermennig, 30 g Waldmeister, 30 g zerstampfte Nelken, 30 g zerkleinerte und getrocknete Orangenschale, 30 g Veilchenwurzelpuder und zwei Tropfen Orangenöl.

Ein Schlafkissen

Wenn du dich gerne besser an deine Träume erinnern würdest, dann gib 250 g Beifuß in dein Kopfkissen.

Unter freiem Himmel schlafen

Das ist wirklich etwas Besonderes! Schlaf auf einem Dach, in einem Garten, im Wald oder auf einem Berggipfel. Organisiere einen Ausflug mit guten Freundinnen und verbring mit ihnen eine Vollmondnacht im Freien. (Du tust gut daran, einen warmen Schlafsack und eine Isoliermatte mitzunehmen.)

Leg dich auf den Rücken und schau in den Mond. Schau in die Sterne, beobachte die Wolken und nimm die Dunkelheit wahr, die alles umhüllt. Schließ deine Augen und vergleiche die Dunkelheit draußen mit der Dunkelheit in dir. Fühl die Weite des Alls. Stell dir vor, dass du im Mondlicht badest wie in einem Zauberstrahl. Vielleicht möchtest du ein Lied an den Mond singen oder im Mondlicht tanzen. Hast du etwas auf dem Herzen? Hast du einen besonderen Wunsch? Eine solche Nacht ist eine wunderbare Gelegenheit, dir dafür ein Ritual auszudenken.

Kleine Geschenke des Lebens

Die Hühnersüppchen-Geschichten sind die beste Medizin gegen jede Art von Trübsinn. Sie erzählen von kleinen Wundern, die Menschen vollbringen, weil sie den Lebensmut nicht verlieren und an sich und andere glauben.

224 Seiten
ISBN 978-3-442-16440-0

www.goldmann-verlag.de
www.facebook.com/goldmannverlag

Mehr Balance und Lebensfreude im Alltag

Ob unliebsame Pflichten oder langweilige Alltagssituationen – Victoria Moran zeigt, wie Sie aus ihnen magische Erlebnisse machen, die Ihr Leben bereichern. Schaffen Sie sich kleine Inseln der Entspannung und der Freude!

256 Seiten
ISBN 978-3-442-17114-9

www.goldmann-verlag.de
www.facebook.com/goldmannverlag

Ein Geschenk für
Geist und Seele

Victoria Moran hilft
Ihnen sich von über-
zogener Selbstkritik
zu befreien und weist
Ihnen den Weg zu
zeitloser Schönheit
und innerer Balance.
Denn wahre Schönheit
kommt von innen!

288 Seiten
ISBN 978-3-442-17321-1

www.goldmann-verlag.de
www.facebook.com/goldmannverlag